MISSION DE MADAGASCAR-CENTRE

Quinze jours à Alasoura

Par Mgr DE SAUNE

ABBEVILLE, IMPRIMERIE F. PAILLART

MISSION DE MADAGASCAR-CENTRE

Quinze jours à Alasoura

Par Mgr DE SAUNE

ABBEVILLE, IMPRIMERIE F. PAILLART

MGR DE SAUNE SUR SON ALEZAN

Quinze jours à Alasoura

Mission de Madagascar-Centre

Tananarive, 27 octobre 1903.

Il y a trois ans que j'ai été envoyé à Tananarive en qualité de coadjuteur de S. G. Mgr Cazet.

Pendant cet espace de temps j'ai visité tous nos missionnaires, j'ai vu un grand nombre de postes, chacune de mes expéditions produisait quelque bien, je l'espère. Mais peut-être est-ce moi qui faisais le bénéfice le plus net, en avançant dans la connaissance des Malgaches, de leurs mœurs, de leur langue et de leur caractère!

Cependant je conservais un regret, celui d'avoir été sacré évêque sans avoir vécu de la vie de simple missionnaire

Il me semblait que mon expérience serait toujours un peu courte, que certains côtés plus intimes de la mission, que certains points de vue m'échapperaient.

Monseigneur fait sa visite à l'occasion d'une fête, ou bien sa visite elle-même est une fête; tout est beau ce jour-là... mais comment est le lendemain?... comment étaient les jours qui ont précédé?...

Enfin et surtout quelle est la trame ordinaire de

1*

la vie du missionnaire, d'un homme ayant une bonne moyenne d'intelligence et de cœur en contact continuel avec des gens dont l'éducation ne ressemble en rien à la nôtre?

La couleur est différente aussi. Peut-être ce détail semblera-t-il n'avoir pas de portée! Cependant le vieil adage philosophique, d'après lequel tout passe par les sens avant d'entrer dans l'intelligence, me dit que ce ne doit pas être chose indifférente de vivre avec des hommes tout noirs quand on est blanc, et inversement.

Quelle est enfin la psychologie de la vie du missionnaire vivant au milieu des Malgaches?... Voilà en quelques mots ce que je voulais savoir!

Mais comment y arriver? La Providence m'a aidé.

Les gens d'Alasoura demandaient depuis longtemps déjà au missionnaire chargé du district d'aller faire chez eux une préparation au baptême, à la confirmation et à la première communion; trop occupé ailleurs, chargé de vingt-sept postes, le P. T... ne pouvait satisfaire ce pieux désir; et cela, de longtemps.

Je saisis l'occasion et pris la place du Père. Voilà comment j'ai vécu quinze jours de la vie de missionnaire!

Je vais dire quelques-unes de mes impressions. Que l'on ne s'attende pas ici à rencontrer des idées élevées, des aperçus généraux sur la mission! Un missionnaire ne s'occupe guère que du district qui lui a été confié; il y a là de quoi occuper largement son esprit, son cœur et son temps. A Alasoura, j'étais missionnaire et je ne me suis occupé que de ce poste.

Vendredi, 9 octobre.

Départ de Tananarive sur mon grand alezan, le compagnon fidèle de mes expéditions; deux enfants m'accompagnent : l'un, Joseph, soignera le cheval et fera la cuisine; l'autre, Paul, sera chargé de la sacristie et me rendra les services à sa portée. Celui-ci est ce que l'on appelle dans la langue épiscopale : le familier.

Ce matin, trois hommes d'Alasoura sont venus chercher mes bagages; chacun a eu sa charge composée de deux caisses en fer-blanc, attachées solidement aux extrémités d'un bambou.

Alasoura est au sud-est de Tananarive, on y arrive facilement dans une heure lorsqu'il n'y a pas de retard sur les bords de l'Ikioupa. Les ponts manquent encore à Madagascar; faute de ponts on est tout heureux de trouver des pirogues et des piroguiers.

Le cheval est dessellé et, tenu en laisse, nage à côté de la pirogue. Nous voilà sur l'autre bord. Il y a là des enfants d'Alasoura qui attendent depuis longtemps.

A Madagascar, comme ailleurs, le prêtre et l'enfant sont vite bons amis. Rien d'étonnant à cela : le prêtre est la continuation de Celui qui a donné aux enfants des preuves d'un amour particulier.

J'ai donc maintenant une bonne escorte. Les cris joyeux de la bande excitent mon cheval et au bout de vingt minutes nous sommes à Alasoura. Beaucoup de personnes sont réunies; elles me disent simplement, mais avec un accent de vérité qui ne peut tromper, leur joie de me posséder pendant quelques jours. Nous entrons à l'église; je dis à ces braves gens que je suis heureux, moi aussi, heureux de vivre avec eux, de les faire avancer dans la grâce, de leur donner Notre-Seigneur, qu'ils auront dès demain au milieu d'eux dans le tabernacle... messe tous les jours.

Puis, quelques mots pour fixer l'ordre de chaque journée.

Matin. — 6 heures. Sainte messe suivie de l'étude de la lettre du catéchisme, sous la direction du maître d'école.
7 h. 1/2-8 h. 1/2. Classe pour les élèves.
Soir. — 3 h. 1/2-4 h. 1/2. Etude de la lettre.
4 h. 1/2-5 h. 1/2. Explication.
5 h. 1/2. Prière du soir.

A la suite de ces avis on exécute quelques chants. A Alasoura, comme ailleurs, les Malgaches aiment à chanter; les voix sont bien d'accord, mais toujours un peu aigres... moins ici que dans d'autres endroits; le P. T... est très bon musicien.

Puis récitation de la prière du soir et sortie de l'église. Mais l'on ne veut pas se disperser sans m'avoir salué, avoir reçu ma bénédiction et baisé l'anneau. La conversation se prolonge un peu; il faut écouter et surtout se laisser voir. Enfin me voilà seul. Je fais mon tour de propriétaire.

L'horizon est assez pittoresque...

Au nord-ouest, Tananarive, perché sur son piédestal, domine les hauteurs environnantes. Et le palais de la reine fait ici l'effet d'un monument superbe. Que d'illusions produisent les choses du monde vues de loin! De ce même côté l'Ikioupa déroule ses sinuosités; c'est le fleuve qui devient plus tard le Betsibouka dont le nom restera attaché à l'histoire de la conquête.

Dans la vallée, d'immenses rizières qui, en ce moment, forment un joli tapis d'une couleur vert tendre que les plus habiles artistes ne sauraient contrefaire.

De l'autre côté, des collines ou montagnes avec ces sommets flous particuliers à l'Imérina.

L'argile dont elles sont composées se désagrège sous l'action des grandes pluies tropicales, se détrempe, coule lentement comme une lave, ne laissant que des formes arrondies.

A l'est, comme pour exciter mon zèle, se trouve le temple protestant plus haut que notre pauvre église ; de loin il paraît même mieux construit, en matériaux cuits, avec un clocher élégant.

Pauvreté, humilité, voilà les deux compagnes du catholicisme ici comme en bien d'autres endroits, peut-être aussi comme deux auxiliaires puissants !

Et la maison du Père ? Un bâtiment en terre crue recouverte de *bouzaka* (nom générique des herbes). Point de luxe à l'extérieur, mais des Jésuites se montrent-ils au dehors ce qu'ils sont au dedans?

Visitons soigneusement l'intérieur.

D'abord un vestibule qui sert de salon de réception. Le mobilier se compose d'un fauteuil rustique et d'une table; tout autour, contre les murs, sont rangés des bancs. C'est là que le Père reçoit les Malgaches. Toute la journée cette pièce est pleine de monde. Habituellement les bancs ne suffisent pas. Mais les Malgaches se trouvent aussi à l'aise, assis à terre sur des nattes. Que de choses entendent en un jour les quatre murs de ce parloir !

Voici du reste une attraction pour les visiteurs malgaches; la décoration originale de la pièce : les murs faits de terre rouge (la terite) sont littéralement tapissés d'images en tous genres. Le Père est artiste, mais il est surtout père et connaît le goût de ses enfants noirs pour les images.

Dans ce vestibule d'Alasoura on pourrait faire une étude sur les progrès de l'imagerie. Il y a là depuis les grossières images d'Epinal jusqu'aux fines chromolithographies que l'on se procure maintenant en France à si bon marché. Quelle variété aussi dans les sujets !

Une visite de M. le Président de la République française est placée à côté d'une réception au Vatican.

Voici une belle gravure de la Sainte Vierge et tout près le portrait de Rainilaiarivony, le fameux premier ministre malgache; ici des gamins de Paris font une farce; là, de pieux Bretons récitent leur prière; batailles, incendies, accidents d'automobiles, soldats, bébés, tout cela se coudoie, se heurte, dans un pêle-mêle intéressant qui m'arrête toujours quelques instants lorsque j'ai à traverser cette pièce.

Quelle patience et surtout quelle charité pour découper soigneusement tous ces carrés de papier dans les journaux non collectionnés, dans les prospectus... Un détail de couleur locale, chaque image est fixée au mur par quatre épingles malgaches, les piquants de la raquette (*cactus opuntia*). A la suite du parloir, une pièce plus intime où les Malgaches sont censés ne pas entrer; c'est le réfectoire, la dépense, le magasin aux provisions : Une table et une chaise, une armoire, un petit placard. Les provisions se composent de cinq ou six bouteilles vides, de trois verres... Le Frère dépensier de Tananarive a bien fait de me munir.

Dans un coin de cette pièce, l'escalier, une échelle que l'on a faite très raide pour économiser la place. Je monte... avec précaution. En haut, la pièce correspondant au réfectoire. Nous sommes au galetas; pas de fenêtres; la lumière est d'ailleurs suffisante grâce aux nombreux jours qui existent entre le bouzaka de la toiture et les murs d'appui. Cette pièce n'est pas utilisée, peut-être parce qu'elle est inutilisable, du moins dans l'état actuel. Elle sert de vestibule à la chambre du Père. Cette chambre est placée au-dessus du parloir, elle a un plancher et le plafond est lui-même en planches.

J'ai vu d'autres maisons de missionnaires; ici la chambre est faite presque avec luxe; elle date du temps où le bois ne coûtait pas cher dans la région. Il est facile de voir que les planches sont façonnées à la hache; cela veut dire que deux planches représentent peut-être un gros arbre entier, où nos scieries mécaniques auraient découpé une bonne dizaine de solides madriers. Et encore il faut convenir que les charpentiers qui ont fait avec de simples haches les planches si lisses que je vois, savaient joliment bien se servir de leur grossier instrument.

Dans la chambre du Père, une table, une chaise, une caisse en bois contenant des nippes pour les jours froids, un lit... avec une petite paillasse remplie de bouzaka.

J'ai porté mes couvertures, et il me semble que je dormirai bien cette nuit, pour me préparer à ma première journée qui sera certainement fatigante. L'inspection est faite. Je descends en heurtant un peu de-ci de-là. Cet escalier... me paraît perfide et je prends la résolution de descendre chaque fois lentement, afin de me conserver entier jusqu'au dernier jour de ma mission.

En bas, un tout petit enclos où se trouvent deux dépendances : un petit bâtiment dont la toiture s'est effondrée... un autre un peu plus grand contenant cuisine et écurie.

D'un coup de pied mon vigoureux coursier a déjà fait voler en éclats la porte de son logis, et le voilà faisant les cent pas dans le petit enclos. Tout est fermé autour de lui. Il ne risque pas de nous échapper. Je préfère qu'il soit ainsi, humant l'air libre, plutôt qu'enfermé dans une écurie malgache.

Mon cheval a fait son service militaire, il a beaucoup gardé de son éducation d'autrefois. Il est très doux, il aime la société et déteste d'être enfermé seul comme un petit biquet malgache, dans une case sale, obscure, étroite. Je trouve qu'il a raison, mais Joseph a toujours peur de le perdre et n'est tranquille que lorsqu'il l'a mis sous la garde d'une bonne fermeture. C'est fâcheux que l'enclos ne soit pas un peu plus grand, on aurait ici un chez soi, avec de la tranquillité, avec de l'air et du jour; mais c'est minuscule !

Trois ou quatre lilas de Perse (*Voandelaka*) y répandent en ce moment un agréable parfum, et une belle liane Bougainville, toute couverte de fleurs, forme à une extrémité une sorte de tonnelle où l'on pourrait facilement arranger un pieux oratoire pour la récitation du bréviaire.

... Mais voici Joseph qui vient prendre mes ordres pour le souper. Je lui recommande de ne jamais me parler de ces affaires-là : « Voilà toutes les clefs des caisses, arrange-toi. Fais-moi dîner et souper vers midi et sept heures. »

C'est aujourd'hui vendredi et depuis 1901 la loi du maigre est de rigueur à Madagascar.

Une charitable bienfaitrice a envoyé des « Potages à la minute », il y en a pour les jours gras, il y en a aussi pour les jours maigres.

Je traduis à Joseph « la manière de s'en servir. »

Mais il paraît que beaucoup d'ustensiles manquent. Je console mon cuisinier-palefrenier en lui disant de se tirer d'affaires pour ce soir, demain nous enverrons à Tananarive pour y prendre ce dont il a besoin. Heureusement nous sommes assez près de la capitale. Bien des missionnaires ont des postes très éloignés...

Le souper avalé, je remonte dans mon grenier.

Samedi, 10 octobre.

Quelle nuit pour commencer !

A peine étais-je endormi que voici l'ennemi ! La toiture est pleine de rats... Ils ont compris qu'il y avait un hôte dans la maison et s'empressent de lui faire visite pour voir s'il y a quelque chose à grignoter. J'entends mon bougeoir tomber à terre, mes souliers sont promenés dans la chambre. A en juger par le tapage, l'ennemi est fort en taille et en nombre, l'audace ne lui manque pas, car on est venu jusque sur les couvertures de mon lit.

Le matin. — Il faut se lever quoique la nuit n'ait pas été très reposante... un peu de fièvre et un rhume que je ne m'explique pas... il faut quand même se lever de bonne heure pour faire quelques exercices de piété avant l'arrivée de mes gens.

Le soleil est matinal en cette saison où il habite

la région australe, et le soleil, c'est la montre des Malgaches.

Le matin donc... j'aperçois les dégâts commis, mais en fait de comestibles, cette engeance vorace a été déçue, elle n'a trouvé que ma bougie et c'est pour la grignoter plus à l'aise qu'elle a fait tomber le bougeoir.

A 6 heures, la sainte Messe selon le règlement.

L'église est pleine. Quelques mots, avant de commencer, sur saint François de Borgia qui nous apprend à mépriser les vanités de la terre pour nous attacher aux biens du Ciel.

On assiste pieusement à cette première messe. Chants. Un vieux catéchiste de la Mission, Marc, accompagne avec l'harmonium et vraiment touche assez bien de cet instrument.

Les chants sont entremêlés avec la récitation du chapelet.

Après une instruction sur le catéchisme, le maître d'école m'avertit que, d'après l'usage, il ne doit pas y avoir réunion ce soir.

Dans l'après-midi de samedi, les Malgaches vont laver leurs vêtements. Pour quelques-uns de ceux qui sont présents, c'est un travail qui paraît très opportun ; il est vrai que nous sommes à huit jours du dernier blanchissage... et vraiment je me suis demandé quelquefois comment font les Malgaches pour conserver pendant huit jours dans un état relatif de propreté des vêtements de couleur blanche.

On sort de l'église, on se réunit devant la maison. On me pose affectueusement la question d'usage : « Comment va votre fatigue ? » Puis les *mpitandrina* (chefs) m'adressent de nouveau quelques compliments de bienvenue, ils expriment surtout leur joie de ce que j'ai consenti à rester pendant quinze jours au milieu d'eux.

Au moment de la péroraison je vois sortir de sous les lambas des œufs, des poulets, du riz pilé. Mon cheval lui-même n'est pas oublié, voici pour lui de l'*akoutry* (riz en cosse.)

Nos enfants malgaches sont vraiment généreux. Et des voyageurs ont écrit que cette race n'avait point de cœur ! .. Il faut alors dire que le catholicisme est singulièrement propre à développer le côté affectif de l'homme, ce qui est du reste très exact : *Deus charitas est*, est la vraie religion et une religion de charité.

On s'en va peu à peu. Les enfants sont toujours les derniers à partir. Certains sont allés revoir les images, ces images revues plus de mille fois peut-être !... Je remonte... à peine ai-je eu le temps de mettre en ordre quelques papiers et quelques livres apportés de Tananarive. Il faut que je prépare mes instructions pour demain dimanche. Ah ! cette langue malgache ! mais patience, j'ai apporté mes deux dictionnaires et j'ai du temps.

Pan, pan ! — Entrez. — Monseigneur, *misy marary*, c'est-à-dire : Monseigneur, il y a un malade à visiter.

Allons, partons. Est-ce qu'un missionnaire s'appartient, est-ce qu'il ne doit pas être tout entier aux âmes ? Partons !

Mais Notre-Seigneur est en ce moment dans le tabernacle : je vais le prendre et j'emporterai aussi les saintes huiles. J'aime beaucoup ces promenades avec le bon Dieu sur la poitrine.

Simeon ferebat Christum, Christus regebat Simeonem.

Une maison malgache, c'est toujours intéressant que d'y pénétrer, en se faisant un passage au milieu d'une multitude d'animaux qui, avec la plus grande familiarité, pénètrent dans tous les coins.

Joseph, un pauvre petit vieux, tout ratatiné ! Il est presque blanc ! Est-ce son teint naturel ou bien la maladie l'a-t-elle blanchi ? Certains Hoûva ont une teinte très peu foncée, plutôt jaune et malaisienne que noire et africaine.

A peine reste-t-il quelque place pour la vie dans ce corps si réduit ; évidemment, ce malade ne durera pas longtemps, cependant je lui donne la sainte Communion ; la demeure de Joseph est assez rapprochée du presbytère, on aura le temps de m'avertir pour l'Extrême-Onction. Le malade est un bon chrétien ; c'est avec beaucoup de foi qu'il reçoit le viatique, point troublé du tout par la pensée de sa fin prochaine.

Les Pères m'ont dit que c'était assez général chez les Malgaches, que ce calme à l'heure de la mort.

Je laisse au malade une médaille, il l'accepte avec une grande reconnaissance que ses yeux, encore très vifs, expriment bien plus clairement que sa voix affaiblie.

Au retour, à la maison, je trouve un enfant de Tananarive, que l'on a chargé de m'apporter le courrier d'Europe.

Le courrier d'Europe ! son arrivée est un événement à Madagascar quoiqu'il se produise deux fois par mois !

Un gros fonctionnaire me disait : « La nuit qui précède je ne dors pas et le jour du courrier je ne tiens pas sur place et je vais quatre ou cinq fois à la poste, voir s'il est arrivé. » Il faut ajouter que ce fonctionnaire est un bon père de famille qui a laissé en France sa femme et ses enfants.

Mais, avec plus ou moins de calme, tout le monde ici en est là ; on attend impatiemment le courrier.

Quelles nouvelles vont nous arriver de ce cher pays de France ?

Les bonnes âmes comprendront avec quel intérêt nous, missionnaires, suivons tout ce qui s'exécute là-bas contre la religion, qui est ici toute notre raison d'être.

Puis, notre *Bourse* est beaucoup plus en France qu'elle n'est à Madagascar. Le courrier bi-mensuel nous apporte le bilan, nous dit les hausses et baisses, nous permet de concevoir nos projets d'agrandissements ou nous fait dire un peu tristement : « Ce sera pour la prochaine fois. »

J'ai un gros paquet de lettres, de journaux. Et, de plus, le temps sera à moi cette après-midi.

Voici Joseph (le cuisinier) avec sa formule : *Vita sakafou*, ce qui veut dire en bon français : Monseigneur est servi.

Le dîner est bientôt avalé. Je sors un peu. Des enfants attendent pour voir si je ne veux pas *me laisser voir*, pour m'apprendre surtout que le missionnaire ne s'appartient point.

On ne peut pourtant pas les renvoyer ! Notre-Seigneur ne l'aurait pas fait... Je lirai mon courrier plus tard. Voici d'ailleurs des visites : on m'apporte quelques cadeaux ; une pauvre famille composée du père, de la mère et de deux enfants, se présente avec quatre œufs ; chaque membre de la famille a voulu avoir sa part dans l'offrande.

Petite interruption !... Je puis remonter, mais à peine suis-je là-haut qu'on m'appelle au confessionnal... Je lirai mon courrier plus tard.

Ce soir 64 confessions. Je trouve le travail du confessionnal fatigant à cause de mon peu d'usage de la langue. Il nécessite une attention pénible.

Dimanche, 11 octobre.

Hier soir on m'a apporté un chat. Quelle délicatesse de charité chez ces braves gens ! Le chat a fait tant de tapage que j'ai dû lui ouvrir la porte. Les rats ont pris le reste de la nuit. De plus, je dois rabattre des éloges que j'ai donnés à la chambre du P. T...

L'unique fenêtre, un peu disloquée, ne ferme plus, une vitre manque, mon rhume s'explique.

Le plafond n'est pas très élevé, je l'atteins en levant les bras ; ceci me permet de constater, en promenant ma main le long des jointures, que l'air filtre un peu partout.

Les Malgaches d'autrefois juxtaposaient les planches sans assemblage.

Le rhume, un peu de fièvre, j'aurai quelque chose à offrir, meilleur que mes instructions, pour le succès de la mission.

Aujourd'hui dimanche :

A quelle heure la messe le dimanche ? Voilà une question que l'on ne pose pas ici. La messe se dira quand les confessions seront finies, quand le monde sera arrivé, c'est-à-dire que l'heure varie entre des limites très espacées.

Dans un certain poste, la messe devait avoir lieu à 8 h. 1/2; j'étais prêt pour cette heure-là, entouré des enfants de chœur. Nous dûmes attendre jusqu'à 11 h. 1/2. Bon exercice de patience !

A la messe 95 communions.

A peine la messe finie il faut partir pour porter les derniers sacrements à un malade nommé Laurent.

Pour me rendre chez lui je passe devant le temple protestant, au moment de la sortie du prêche. Obligé de m'occuper de Notre-Seigneur, je n'ai pu voir la figure des adhérents.

Le divin Maître aura peut-être donné, sur son passage, des grâces de conversion.

En général les protestants malgaches ont un air hautain qui ne se trouve pas chez nos catholiques.

Je sais que des officiers et des fonctionnaires ont remarqué cette différence.

L'après-midi les visites recommencent.

Puis à 3 h. 1/2 sermon, bénédiction du Très Saint-Sacrement.

Prière du soir.

Lundi, 12 octobre.

A la sainte Messe, 5 communions.

Après la messe, 3 baptêmes d'enfants.

Aujourd'hui commencera la préparation prochaine au baptême, à la première communion, à la confirmation. On me présente la liste.

Pour le baptême il y a 62 personnes dont l'âge varie entre 8 et 69 ans.

Il y a là des hommes :

Rakoutouvoualàvou, le rat.
Razafimanàna, le petit-fils qui possède.
Randriantsimialouna, le noble qui n'est pas jaloux.
Rainibézézika, le père de celui qui est plein de fumier.

Il y a là des femmes :

Razonandzanahary, le bien du Créateur.
Raketamanga, la petite fille bleue.
Rénisaboutsy, la mère de celui qui est né un samedi.
Razafindrasoa, la petite-fille de celle qui est bonne.

Il faut que je transforme ces noms en ceux de Joseph, Pierre, Paul, Marie, Madeleine, Elisabeth...

La transformation des noms est facile, mais ce n'est pas la seule à faire. Tout ce monde paraît bien disposé. Les figures sont honnêtes et ouvertes. Les esprits sont-ils ouverts comme les figures ?

On a l'habitude de préparer à la fois au baptême et à la confirmation. Pour ce dernier sacrement il y a donc ces 62 catéchumènes auxquels il faut ajouter une douzaine de personnes non encore confirmées ; total 74.

Douze candidats aspirent à la première communion.

Dans cette première instruction je fais faire à chacun, aussi correctement que possible, le signe de la croix ; après cela explication des prières usuelles.

Mardi, 13 octobre.

Un autre ennemi a fait son apparition pendant la nuit ; aussi, médiocre a été le repos.

Après la messe 2 baptêmes d'enfants.

Décidément les enfants poussent dans ce pays-ci comme ailleurs (pas à Madagascar) les champignons.

Les femmes sont ici très prolifiques, comme du reste les femmes de Java, argument de plus en faveur de l'origine malaisienne des Houva.

Si le gouvernement voulait comprendre les vrais intérêts de la France, avec la religion, nous apprendrions aux Malgaches la sainteté du mariage ; au bout de quelques années, la population indigène aurait considérablement augmenté et, avec elle, le nombre des travailleurs.

Après l'instruction je vais, à cheval, visiter l'église d'Anganoumasina, située à une petite demi-heure au sud.

Comment la toiture en mauvais état résistera-t-elle aux pluies d'orages qui vont bientôt commencer ?

Mercredi, 14 octobre.

A la messe 2 communions ; puis encore baptême d'enfant.

Celui qu'on me présente aujourd'hui est le petit-fils d'un certain Thomas qui me semble être un homme fort intelligent ; il parle sa langue avec une remarquable facilité. Il me dit avoir fourni au P. Callet de nombreux renseignements pour la composition de l'ouvrage en trois volumes intitulé : *Tantaran' ny Andriana.* Cet ouvrage est devenu rare, et à cause de sa valeur, l'académie de Tananarive a demandé qu'on voulût bien lui permettre de s'occuper d'une réimpression.

Le *Tantaran' ny Andriana* contient beaucoup de renseignements sur les traditions anciennes des Malgaches, renseignements d'autant plus précieux que les documents écrits n'existent pas sur le passé de Madagascar. L'écriture est d'introduction toute récente dans le pays (vers 1820.)

A en juger par l'attention de ceux qui entendent dans mon parloir les récits de Thomas, le conteur doit être très intéressant. Quelquefois de francs éclats de rire partent brusquement; je ris, moi aussi, de bon cœur en voyant rire tous ces gens ; mais le malgache de Thomas est trop relevé pour que je puisse bien le suivre.

J'admire aussi ces vieux Malgaches drapés dans leur lamba; il y a chez eux une dignité d'attitude, une noblesse de geste avec un naturel qui forment un ensemble vraiment étonnant.

Jeudi, 15 octobre.

Rien de particulier. Les catéchumènes sont bien zélés pour s'instruire ; en dehors des réunions à l'église ils utilisent les temps libres ; de ma chambre, lorsque je puis y être, j'entends un murmure confus qui monte de partout.

Des groupes d'enseignement mutuel se sont formés ; ici quelques vieux apprennent l'Oraison dominicale, la Salutation angélique, le Symbole des Apôtres ; là, quelques bonnes femmes se confessent l'une à l'autre pour se former à la confession.

Au-dessous de moi j'entends Paul qui a ramassé autour de lui quelques enfants et s'est établi dans le parloir.

Je n'ai encore guère parlé des deux enfants qui m'ont accompagné ici, de mes *deka.* Le mot deka est la corruption du mot aide de camp et l'on désigne ainsi les petits domestiques qui sont au service des Pères. Le nom paraîtra peut-être prétentieux ; mais, qu'on se rassure, si prétention il y a, elle n'est que dans le nom.

Paul et Joseph sont des types bien différents. — L'âge de Joseph ? Je ne saurais le dire ; c'est, au

MGR DE SAUNE

A sa droite, Paul ; à sa gauche, Joseph. Le second à gauche est un domestique d'Ambohipou.

reste, assez difficile de déterminer l'âge d'un Malgache. Paul doit avoir seize ans.

Joseph ne dit jamais deux mots quand un suffit. Je ne l'ai pas souvent vu rire ; il a plutôt l'air triste. Je crois qu'il a été marié ; peut-être a-t-il quelque peine d'ordre conjugal ?

Avec plus de malgache je pourrais peut-être pénétrer dans son intimité. Mon malgache n'a pas suffisamment de délicatesse pour tenter cette délicate enquête.

Joseph est très fidèle ; je ne pense pas qu'il ait

jamais détourné le moindre sou de l'argent que je lui ai donné pour des achats.

Il soigne très bien le cheval : c'est là une qualité appréciée d'un missionnaire.

Il veille avec grand soin dans les voyages pour qu'aucun accident n'arrive ; nous partons ensemble... Joseph disparaît bientôt ; mais une bifurcation se présente qui peut me faire hésiter, un embarras dans le chemin, une rivière qu'il faut traverser, Joseph est là semblant sortir de sous terre. C'est le *Deus ex machina* qui fait disparaître les difficultés.

Il est assez bon cuisinier... et chaque repas est pour moi un nouveau sujet d'étonnement. Comment Joseph peut-il arriver à de pareils résultats de préparation culinaire et, j'ajoute, de propreté relative dans le laboratoire où il travaille ?

Une petite case sans cheminée. Le fourneau se compose de trois pierres.

Nous sommes à Alasoura. Ce nom veut dire « la forêt aux porcs-épics ». Cependant d'arbres point ! Le feu se fait avec du bouzaka (nom générique des herbes), toute sorte d'herbes qui répandent une épaisse fumée ; cette fumée commence par bien remplir la cuisine et sort enfin par la porte, seule issue qu'elle trouve à sa disposition.

Paul est très pieux, on peut même dire qu'il a l'intelligence de la vraie piété. Ne jamais se plaindre, tout accepter de bon cœur, être toujours content : voilà, ce semble, le résumé de son programme de vie.

Les moments libres, il les passe devant le Très Saint-Sacrement et l'on a dû le modérer de peur que la tête ne se fatiguât.

Il aime beaucoup les cérémonies de l'Eglise, les prédications, les conversations sur des sujets de piété. Il communie fréquemment. On lui a donné les *Visites au Saint-Sacrement de saint Alphonse de Liguori*. C'est un de ses livres préférés.

Ici Paul est apôtre ; il m'aide beaucoup, d'abord par ses bons exemples, ses conversations pieuses et aussi en donnant des leçons de catéchisme.

Mes deux deka couchent à la façon malgache : étendus sur des nattes, enveloppés dans leur lamba.

Qu'on me permette la comparaison : ils ressemblent ainsi à des morts en toilette de cercueil.

Joseph et Paul couchent dans le parloir, au-dessous de moi : j'entends avant le coucher la prière du soir. Peut-être Joseph ne la ferait-il pas, du moins aussi exactement, si un ange gardien visible n'était là.

Peut-être !... peut-être aussi... jugement téméraire !...

Paul est regardé comme un petit saint par les autres domestiques de Tananarive.

Vendredi, 16 octobre.

Au moment de la sainte Messe arrive toute une paroisse des environs... il faut aller au confessionnal, la messe se dira ?... à l'heure des Malgaches...

Décidément, inutile, avec ces bonnes gens, de faire des programmes à l'avance. Ce sont eux qui font les programmes ou plutôt ils n'en font pas du tout. 21 confessions, puis 21 communions.

En confessant quelques enfants qui n'ont pas

fait la première communion et sont encore très jeunes, je fais quelques réflexions sur la portée de la confession, en dehors du surnaturel, au simple point de vue de la formation intellectuelle et morale.

Voilà des enfants qui délibèrent, qui prennent une détermination ; et ils la prennent bien d'eux-mêmes, car souvent leurs parents sont païens ou protestants : « J'irai me confesser. »

Alors il faut faire un examen de conscience, rechercher les fautes, distinguer les circonstances, compter le nombre de chutes...

N'est-ce pas là un vrai travail pour les facultés principales : mémoire, intelligence, volonté ?

Et, en confessant ces enfants, on s'aperçoit bien que ce travail n'a pas été fait d'une façon quelconque, d'après un questionnaire qu'ils n'ont pas entre les mains. La confession que chacun apporte est bien un travail personnel, produit des réflexions de l'enfant et aussi de la grâce que Dieu se plaît à mettre dans les âmes simples. Je le répète : Quel bon exercice pour les facultés !

Mais, allez dire cela à nos colonisateurs !...

Samedi, 17 octobre.

Confessions, 26. Communions, 10. Baptêmes d'enfants, 3.

Aujourd'hui samedi, *fanasana lamba,* c'est-à-dire blanchissage.

Point d'instruction ce soir. Je n'en serai probablement pas plus libre.

Sans compter toutes les visites, en voici trois ; trois vieilles femmes. L'une vient me consulter pour sa tête, l'autre pour sa jambe : « Ma bonne femme, je ne suis point médecin. » Je donne quelques paroles de consolation et un peu d'eau de Saint-Ignace. La troisième m'apporte son cadeau : un fagot de *zouzouro* (genre de souchet) (*cyperus œqualis*). Voilà qui doit faire une fumée abomi-

Le P. Roblet jouant de l'harmoniflûte.

nable ! C'est une plante aquatique ; mais à Joseph de s'en arranger !

Dans la soirée, 31 confessions.

Dimanche, 18 octobre.

Avant la messe, 45 confessions. Les communions atteignent la soixantaine. Puis 3 baptêmes d'enfants.

Ce matin, avant la sainte Messe, l'instituteur est venu me présenter timidement une feuille de papier. Qu'est-ce que cela? Une péroraison pour mon sermon. La voici en résumé :

« Mes chers enfants, vous avez bien travaillé pour réparer, orner votre église d'Alasoura. Je suis bien content de vous, mais les œuvres de Dieu, il ne faut pas les faire incomplètement, voyez : les peintures sont inachevées... des vitres sont cassées... Allons! un peu de générosité encore!

« Quelle somme faudrait-il? — Une cinquantaine de francs. »

Si je les avais eus, j'aurais gardé de la péroraison de mon maître d'école la première partie, la seconde eût été remplacée par ceci : « Pour vous récompenser je me charge du reste. Voici 50 francs pour parfaire l'œuvre. »

La religion catholique est vraiment ici la religion des pauvres, et aussi la religion du sacrifice.

Le soir, après le salut du Très Saint-Sacrement, visite des Normaliens d'Ambouhipou.

Ce sont les enfants particulièrement aimés de la Mission, ils seront un jour maîtres d'école, c'est-à-dire *vicaires* (laïques des Pères). Ah! si quelque personne charitable et riche voulait nous aider à fonder notre Ecole normale. Quelle bonne œuvre!...

Lundi, 19 octobre.

Treize confessions. Encore au moment de commencer la sainte Messe.

Les Malgaches sont longtemps restés sous l'influence anglaise. Je ne sais ce que les Anglais ont enseigné à leurs pupilles.

On dit cependant qu'ils leur ont enseigné à faire du savon.

« Un jour, raconte le P. Abinal, la reine Ravalalouna I envoya un officier du palais aux prêcheurs méthodistes. « Vous nous avez enseigné la lecture, l'écriture, dit la souveraine, c'est bien, avez-vous encore quelqu'autre chose à nous apprendre? »

« Rapportez à la reine, répondirent ceux-ci, que « nous n'avons enseigné jusqu'ici que les éléments de la science ; il reste encore à apprendre le grec, l'hébreu, etc. » — « Assez comme « cela, leur manda de nouveau la souveraine, « nous n'avons nul besoin de grec et d'hébreu, « mais savez-vous faire le savon? »

Il fallait répondre à un désir si juste.

L'Anglais Caméron se mit à l'œuvre et, après huit jours, il put présenter à la reine Ranavalouna du savon fabriqué avec les produits du pays. Il venait de doter la grande île d'une industrie fort utile, qui, depuis, a pris un grand développement sans beaucoup se perfectionner.

Pour l'obtenir on fait tremper dans l'eau des cendres et de la chaux, on filtre le mélange où l'on ajoute du suif et l'on fait bouillir à petit feu. Quand le tout est bien mêlé, réduit en pâte, on décante dans des moules.

Le savon malgache est généralement trop mou et très caustique, cela tient peut-être à un excès de potasse et à un manque de chaux.

Dans tous les cas, les Anglais n'ont pas habitué les Malgaches à apprécier la valeur du temps... et cependant *the time is money*.

13 communions, baptême de 2 enfants.

Au milieu du catéchisme on m'interrompt :

« Le P. T... vient d'arriver. » La nouvelle me surprend un peu, puis : « Non, ce n'est pas le

P. T... mais le P. G... » Enfin c'est le P. Roblet.

Qui ne connaît le P. Roblet, cet éminent géographe dont les travaux ont rendu tant de services surtout au moment de la conquête !

Un officier général, expliquant un jour à Mgr Cazet le mouvement tournant qui avait permis de sortir d'une situation extrêmement critique, disait avec émotion en montrant la carte des environs de Tananarive dressée par le P. Roblet : « Qu'aurions-nous fait si nous n'avions pas eu cette carte ? »

En dépit de ses soixante-quinze ans et de ses pénibles travaux d'autrefois, le P. Roblet est encore alerte ; c'est un savant modeste et d'un très aimable caractère.

Il arrive seul, à pied, portant son appareil photographique, afin de tirer des vues que je garderai comme souvenir de ma mission à Alasoura.

Tout mon monde est sorti de l'église. Le P. Roblet est très populaire. Chacun veut le voir et surtout prendre une place devant l'appareil.

Lorsque l'heure du dîner nous a mis en tête à tête, je mets à profit la longue expérience du P. Roblet et je lui parle de la bruyante guerre que me font les rats pendant la nuit.

« Que l'on apporte vite trois petits bâtons ! » Voilà un quatre-de-chiffre ! Nous allons le dresser là-haut sous la grande caisse en bois du P. T...

Le soir, à 11 h. 1/2, bruit épouvantable. La machine infernale a fait son œuvre. Deux victimes !

Mais, comme pour les remplacer et apprendre aux missionnaires qu'ils doivent vivre dans la mortification, les puces se sont abattues sur moi !

LE P. ROBLET
Chevalier de la Légion d'honneur, Officier de l'Instruction publique. Chevalier d'Anjouan
Le jour de sa Cinquantaine de Compagnie.

Alasoura est, paraît-il, renommé pour ses puces. Avant mon arrivée on avait bien balayé... elles avaient disparu, pour quelque temps seulement.

Un enfant m'a expliqué gravement que les rats avaient beaucoup de puces, qui déménagent lorsque les rats sont morts.

Les puces de la nuit provenaient, selon ce jeune moraliste, des cadavres des deux rats tués par le quatre-de-chiffre.

Mardi, 20 octobre.

21 confessions, 13 communions, 2 baptêmes, un enfant et une vieille femme qui, peut-être, me dit-on, n'arrivera pas à dimanche.

Rapprochement : les extrêmes se touchent.

Dans la matinée, visite du cher Frère supérieur des Frères des Ecoles chrétiennes. Il est venu à Alasoura surveiller quelques travaux de rizières ; je ne savais pas qu'il fût propriétaire ici. En mission, on fait un peu de tout. La bêche remplace quelquefois la plume. De la classe on passe à la rizière ou au jardin. Il faut vivre et surtout faire vivre.

On ne saurait dire le bien que les chers Frères font ici ; aussi sont-ils englobés dans la haine que la franc-maçonnerie porte à la religion. A partir du 1er janvier prochain ils devront se retirer des cinq écoles de Tananarive que l'administration leur confia dès le lendemain de la conquête et où ils n'avaient certainement pas démérité.

Le soir, à l'instruction, à propos du chapitre « le Baptême » je montre les divers objets dont on se sert pour conférer ce sacrement et j'explique les cérémonies. Ici se place une observation que j'ai faite bien des fois.

Nos Malgaches n'ont pas encore les facultés intellectuelles très développées, surtout celle du raisonnement. Leur logique est assez courte.

En revanche ils ont des yeux et des oreilles. Le sensible a grand empire sur eux. Cet état psychologique apparaît jusque dans la langue qui n'a pas de mots pour exprimer les idées abstraites, qui est, au contraire, très riche pour exprimer ce qui est concret, ce qui se voit, se touche, etc...

Je crois qu'une belle cérémonie a sur leur esprit plus d'influence qu'un argument théologique ; aussi serait-il à souhaiter que nous eussions partout de quoi donner de la dignité au culte extérieur : édifices convenables, ornements convenables, un peu de décoration.

Mercredi, 21 octobre.

Le second courrier du mois m'est apporté ce matin ; je le lirai... quand je serai libre.

Aujourd'hui, à propos de certaines demandes qui m'ont été faites, j'ai compris le désir de certains missionnaires d'arriver à vivre avec le minimum de dépenses... et il y en a qui, sur ce point, sont arrivés à des résultats prodigieux... pas toujours approuvés par les supérieurs, lorsqu'ils en viennent à connaître cet excès d'austérité.

On voudrait pouvoir donner... et l'on ne peut pas, pour une bonne raison.

Autrefois, par exemple, il était d'usage de *donner* une médaille aux nouveaux baptisés, un chapelet à ceux qui recevaient la confirmation, un scapulaire aux premiers communiants.

Maintenant notre pauvreté d'une part, l'accroissement de nos œuvres aussi ont dû faire renoncer à cette générosité.

Je voudrais qu'en France, on trouvât trois personnes charitables : l'une fonderait l'œuvre de la médaille du baptême, l'autre celle du chapelet de la confirmation, la troisième celle du scapulaire de la première communion.

Ce ne serait pas un gros capital à sacrifier.

D'après le relevé des œuvres de juin 1902 à juin 1903, il y a eu dans ces douze mois :

Baptêmes (enfants, adultes) . .	22.148
Confirmations	8.909
Premières communions. . . .	?

Enfin ne serait-il pas bon de donner un crucifix pour protéger la maison où s'établit un ménage chrétien ?

Dans cette même année le nombre des mariages a été de :

Mariages	1.074

Jeudi, 22 octobre.

Nous sommes entrés dans la saison des orages, hier soir éclairs, coups de tonnerre, puis un abat d'eau comme l'on n'en voit que sous les tropiques.

Pendant la nuit j'ai dû constater que les Malgaches, autrefois, n'étaient pas très habiles en menuiserie ; l'eau a filtré partout au-dessus de moi.

Le soleil de la journée réparera les dégâts.

Ce matin 26 confessions et 12 communions, puis 2 baptêmes d'enfants.

Je commence aujourd'hui les examens. Œuvre délicate et difficile ! Tous les candidats au baptême ont montré une assiduité digne d'éloge et de récompense ; cependant que vais-je tirer de ces vieux, de ces vieilles qui ont dépassé la soixantaine ?

Si je les refuse, ne se décourageront-ils pas ? d'ailleurs seront-ils plus savants une autre fois ?

Si je les admets, je passe à côté des prescriptions de la théologie.

Justement hier j'ai reçu une lettre du P. T... qui n'est pas encourageante.

... Hier dimanche j'ai fait 41 baptêmes d'adultes, ces derniers m'ont coûté beaucoup de peine et de souci.

Aux examens j'en ai condamné 18... à attendre au moins jusqu'au mercredi 21... Et quelle désolation !

Les *mpitandrina* (chefs) m'ont fait, selon l'usage, de respectueuses réclamations...

« Que Votre Grandeur en prenne son parti ; si « quelque candidat trop peu instruit est élagué, « c'est à peine si le *mpampianatra* (maître d'école) « sera de votre avis. »

Que Dieu m'éclaire ! Je ne veux que sa gloire et le bien des âmes.

A peine les examens sont-ils commencés que l'on m'appelle pour le vieux Joseph qui va mourir.

J'arrive, suivi du monde qui remplissait l'église. Le spectacle que présente la chambre est touchant

La femme du moribond s'est mise sur le lit et le tient comme l'on tient un enfant. Elle pleure, mais doucement et chrétiennement.

A côté se tient un grand jeune homme qui pleure aussi ; c'est Jean-Baptiste, étudiant en médecine à Tananarive, fils adoptif de Joseph.

Le malade a presque perdu connaissance, il murmure sans s'arrêter :

« *Avia Jesou, avia Jesou*... Venez Jésus, venez Jésus. »

Qui lui a appris cette pieuse invocation par laquelle l'Apôtre bien-aimé termine son *Apocalypse* ?

Je donne l'extrême-onction, je fais les dernières prières, je dis à Joseph quelques mots qu'il paraît comprendre ; puis je reviens à mon travail de l'église ; ces jours-ci les minutes sont comptées.

Détail de ménage : l'eau... potable est aujourd'hui toute trouble ! Résultat de l'orage d'hier. Il en est ainsi après les orages. Chaque missionnaire n'a pas évidemment dans son mobilier portatif un filtre perfectionné, mais en mission on s'habitue à se passer de tant de choses !

Autre détail. J'ai vu passer sur la route deux officiers, montés sur des chevaux malgaches. Quelle différence entre ces petits criquets et les beaux chevaux de notre cavalerie française !

Cependant le gouvernement a essayé, non sans quelque succès, d'améliorer la race plus ou moins mélangée que l'on trouve ici.

Mais ce que je voulais noter, c'est le petit nombre de *Blancs* que j'ai vus dans l'espace de quinze jours : P. Roblet, cher F. Norbert et ces deux officiers. D'entretiens, je n'en ai eu qu'avec les deux premiers.

Et cependant il y a quinze jours que je suis à Alasoura, pas très loin de la ville !...

Entre mes deux instructions, je vais revoir Laurent, le malade de l'est. Rien de changé dans son état; il est bien résigné, et sa femme qui est bonne, l'entretient dans de pieux sentiments.

En revenant, j'ai rencontré Rakoutouvoualavou (celui qui est rat). C'est un catéchumène qui a quelque importance, secrétaire du gouverneur. Il me prie de m'arrêter dans sa maison.

Les Malgaches aiment beaucoup qu'on leur fasse cet honneur. Du reste, lorsqu'ils sont catholiques, ce n'est pas seulement un honneur qu'ils voient dans la visite du Père ou de Monseigneur, mais aussi une bénédiction.

Vite, les nattes sont étendues... au bout d'un moment de causerie on s'aperçoit que le petit Bernard, le plus jeune des enfants, a une chemise un peu courte pour la circonstance.

Le plus simplement du monde on recouvre la chemise courte d'une autre un peu moins courte.

Cette visite me donne la pensée de m'arrêter chez le gouverneur (malgache) pour lui présenter mes hommages; d'ailleurs Faustin et sa femme sont très bons chrétiens, ils donnent les meilleurs exemples et m'accablent de cadeaux utiles. Tout se sait, au dehors, de la vie du Père.

Faustin a déjà appris que la pluie avait pénétré chez moi pendant la nuit, et il m'offre d'envoyer un ouvrier pour réparer la toiture.

Me voici à la maison! J'entends mon cheval qui fait du galop dans son étroit enclos; quelqu'un doit s'amuser à l'effrayer, peut-être à le battre.

J'entre brusquement. Point du tout. C'est mon coursier qui s'ennuie de son oisiveté et se livre tout seul à des exercices de haute école. Je le caresse un peu et lui dis que nous n'en avons plus que pour quatre jours.

Mon jugement était bien téméraire; et, après réflexion, les Malgaches sont très doux. Je ne les crois pas capables, en général, de faire sans raison du mal, même à une bête.

Madame Rakoutouvoalavou (j'ignore son nom de dame) vient me rendre la visite, accompagnée d'une petite servante qui retire de son lamba un poulet et six œufs... témoignage de reconnaissance. Oh ! simplicité de mœurs !...

Vendredi, 23 octobre.

Joseph est mort à 2 heures de la nuit, avec son : *Avia Jesou*, sur les lèvres. Il avait perdu complètement connaissance, hier, après mon départ.

On m'annonce cette mort juste au moment de commencer la messe. Son âme aura une bonne part du saint sacrifice.

11 confessions, 11 communions, 3 baptêmes d'enfants.

Visite à la maison mortuaire, avec tous mes gens à ma suite. L'enterrement aura lieu à midi. Il faut le préparer. On me demande le drap mortuaire... Les rats l'ont mis en bel état !...

Ces pauvres Pères devraient avoir dans chaque presbytère un peu important des caisses en fer, du moins fermant hermétiquement ; mais le dieu *Argent* se dresse toujours avec son *veto!*

Je voudrais que cet enterrement fût bien, mais je n'ai rien ; pas même une étole convenable.

J'ai des raisons pour que l'enterrement se fasse le mieux possible ; beaucoup de Malgaches sont encore attachés à leurs vieux usages, et parmi ces usages, il y en a, au sujet des enterrements, qui ne sont pas bons. On fait sortir un clou au moyen d'un autre clou, dit un proverbe. Si l'on met en face de l'enterrement païen, l'enterrement fait selon le rite de notre sainte mère l'Eglise, je crois que le premier ne tiendra pas devant le second.

Nous faisons de notre mieux, vu notre pauvreté. J'accompagne le corps au tombeau de famille, quoiqu'il soit à une bonne heure d'ici et qu'il faille faire le chemin en plein soleil.

La présence du prêtre avec les enfants de chœur et la croix de procession, l'ordre dans le cortège, des chants pieux, la récitation du rosaire, voilà qui contraste avec le *tabataba* (tapage) des enterrements païens.

Un petit mot sur la tombe, un adieu bien chrétien, plein d'espérance, au mort que nous encensons avec respect et que nous aspergeons d'eau bénite.

Il y a là une foule ; des païens et des protestants mêlés aux catholiques.

Tout ce monde me paraît bien impressionné.

Au retour, fin des examens et répétition des cérémonies. Demain on lavera les lambas, on achèvera le blanchissage des âmes.

Je veux que dimanche tout se fasse avec ordre,

avec calme et recueillement ; aussi chacun doit-il connaître dès maintenant sa place et ce qu'il aura à faire.

Dans la soirée, 26 confessions.

Samedi, 24 octobre.

Messe pour Joseph. Avant, 37 confessions. A la messe, 40 communions, puis 3 baptêmes d'enfants. Le soir, un autre baptême d'enfant. Je pense que celui-ci aurait pu venir avec ceux de ce matin, mais je ne demande même pas pourquoi il fait bande à part et pourquoi il vient me déranger dans une après-midi très occupée.

Il faut faire les derniers préparatifs, examiner quelques retardaires ou ajournés, orner un peu l'église, confesser...

Je baptise mon bonhomme avec beaucoup de calme ; décidément, je deviens Malgache. Le soir 60 confessions. Ces bonnes femmes qui se confessent me donnent quelquefois des envies de rire par les appellations dont elles se servent :

Ray masina — Père saint.

Ray lehibé indrindra — Père très grand.

Dimanche, 25 octobre.

Avant la cérémonie, 50 confessions ; puis cérémonie des 62 baptêmes. Elle dure une heure et demie, quoique nous ayons le privilège de nous servir pour les adultes, du rite des enfants qui est beaucoup plus court.

Un petit mot avant, pour expliquer ou rappeler la grandeur du titre d'enfant de Dieu. Puis, sainte messe où, après une courte exhortation, 12 premiers communiants s'approchent de la sainte table.

80 communions sont ensuite distribuées.

Instruction sur a confirmation qui est donnée à 74 personnes.

Célébration d'un mariage. Je n'ai pas encore fini...

Voici 5 bébés pour lesquels on demande le baptême. Patience ! Il est vrai que j'avais recommandé de ne pas présenter d'enfants à la cérémonie du matin ; ces enfants sont quelquefois un peu bruyants. J'ai souvent cru que c'était le diable qui les agitait ainsi au moment des exorcismes et des onctions.

La cérémonie a commencé à 7 h. 1/2 ; elle s'est terminée à 11 heures, nous n'avons pas perdu de temps. Je n'ai pas encore gagné le repos...

Après la sortie de l'église, réunion devant la maison pour complimenter, remercier, chanter. Voici le compliment que l'on m'adresse. C'est l'œuvre de Victorine, la femme du maître d'école. Elle me paraît intelligente; son compliment prouve que je ne m'étais pas trompé, mais ce qui me plaît davantage c'est sa piété, sa modestie.

Quand elle est enveloppée dans son lamba blanc, avec sa douce figure souriante, avec ses yeux noirs, elle a l'air d'une Vierge de Murillo.

« Monseigneur,

« Quelle gloire pour notre paroisse, qu'un Prince « de l'Eglise ait daigné la visiter et même résider « au milieu de nous ! Mais surtout, quel bonheur « pour nos cœurs d'enfants, qu'un père vénéré ait « daigné se pencher sur eux !

« La gloire nous laisserait muets d'admiration, « mais l'amour nous fait oser, il ouvre notre cœur

« et nos lèvres, y monte tout entier pour exprimer « sa gratitude et ses vœux les plus sincères.

« La grandeur de notre reconnaissance, Mon- « seigneur, n'a d'égale que la grandeur des bien- « faits que nous avons reçus de vos mains con- « sacrées.

« Vous avez fait de nous de parfaits chrétiens. « Ah ! ce titre, puissions-nous ne jamais le démé- « riter un seul instant !

« Quel que soit l'avenir que le Ciel nous réserve, « nous nous souviendrons que noblesse oblige et « qu'en tout, toujours et partout, nous devons « montrer que nous sommes de vrais enfants de « Dieu.

« Vous avez fait aussi de nous des soldats de « Jésus-Christ; vous nous avez enrôlés pour « jamais dans la sainte milice du bien; ah ! nous « nous souviendrons que le comble du déshonneur, « c'est la trahison et la lâcheté ! Puissions-nous, « Monseigneur, ne pas dégénérer dans ce temps « de faiblesses ! Puissions-nous, au contraire, « porter toujours plus haut et plus ferme notre « drapeau à mesure que des mains timides et « lâches l'abandonnent.

« Ce courage, Monseigneur, nous est inspiré par « la grâce des sacrements que nous avons reçus; « il sera soutenu par vos bénédictions et vos « prières. Vous allez bientôt nous quitter ; mais à « distance vous ne nous oublierez pas et vous « resterez toujours le père de vos enfants d'Ala- « soura. »

On m'offre ensuite un mouton.

Deux bons Frères coadjuteurs de Tananarive ont dirigé ici leur promenade réglementaire du

Le Tombeau de la Mission a Ambohipou

dimanche; l'un d'eux est le dépensier. Il m'achète le mouton 3 francs, c'est bien payé, paraît-il.

La famille de Joseph m'a donné 2 francs pour la messe d'hier (et les funérailles). Voilà une somme de 5 francs; je la remets aux chefs pour commencer le petit capital avec lequel ils termineront les embellissements de l'église. Cette générosité les ravit.

Le soir, beau salut avec le concours des Normaliens qui sont bien exercés pour le chant.

Les gens d'Alasoura offrent aux Normaliens, à titre de rafraîchissement, deux gros morceaux de canne à sucre, ce qui paraît réjouir beaucoup ces grands enfants.

Lundi, 26 octobre.

Messe avec quelques confessions et quelques communions; puis, préparatifs de départ. Il faut refaire les caisses. Tout le monde veut m'aider, ce dont je me passerais volontiers ; mais on fait tout cela si simplement qu'il est impossible de refuser.

Déjeuner, départ.

J'arrive à Tananarive vers 2 heures avec une escorte d'enfants qui ont voulu m'accompagner jusqu'au bout.

Ma mission de quinze jours est finie. Beaucoup de fatigue... nuits très peu reposantes grâce aux rats, aux puces, aux chiques, aux moustiques et à la pluie.

Je crois n'avoir parlé ni des chiques ni des moustiques.

La chique est maintenant bien connue, *pulex penetrans*, la puce pénétrante, puce venue d'Afrique, qui fait son nid (la femelle) entre le derme et l'épiderme. Là, son abdomen grossit considérablement, jusqu'à la grosseur d'un pois; si l'on n'extrait bientôt ce parasite, l'inflammation peut amener des complications graves.

Les Malgaches sont d'adroits chirurgiens; et, sans autre instrument qu'une épingle, Paul m'a, fort habilement, fait une extraction de chique.

Quant aux moustiques, on sait très bien, actuellement, d'après les expériences du docteur Laveran, que le genre anopheles est un parasite du paludisme. A Alasoura, entouré de rizières, je devais avoir la visite des moustiques (anopheles) et celle de la fièvre, surtout de la fièvre sous forme latente, de cette fièvre sourde, qui n'est pas assez aiguë pour empêcher le travail, qui alourdit cependant et use peu à peu les missionnaires.

Mais, qu'est-ce que tout cela, quand on pense à la grâce de Dieu répandue, à ces âmes de nos enfants malgaches, rendues plus chrétiennes, plus généreuses!

Voici, à peu près, quelques chiffres m'ont échappé, le bilan de ces quinze jours :

Baptêmes. . .	Enfants. . .	32
— . . .	Adultes. . .	64
Confirmations		74
Communions		363
Confessions.		457
Extrême-onctions.		2
Mariages.		3

Je suis rentré à Tananarive où je me reposerai.

Nos Pères, après avoir donné dans un poste une mission fatigante, se transportent dans une autre et recommencent. Voilà leur vie!... jusqu'au moment où l'on apprend que le missionnaire est tombé épuisé sur le champ de bataille. On envoie un filanzana et le Père est transporté à Tananarive dans une modeste chambre où déjà un grand nombre des nôtres ont rendu à Dieu leur âme vaillante.

Quelques jours après, le caveau de la mission (Ambouhipou) reçoit une nouvelle dépouille.

Le serviteur de Dieu, travailleur à Madagascar d'une vraie civilisation, a reçu sa récompense.

A. M. D. G.

Adresse :

Mgr DE SAUNE, Vic. Apost. Coadjuteur
TANANARIVE (Madagascar).

Adresse du Correspondant de Mgr à Paris :

M. H. DE VILLÈLE, 79, Avenue de Breteuil
PARIS-XVe.

Abbeville. — Imprimerie F. PAILLART.

www.ingramcontent.com/pod-product-compliance
Lightning Source LLC
LaVergne TN
LVHW010105230826
846091LV00005B/2101

* 9 7 8 2 0 1 3 6 5 1 5 5 4 *